Renier-Fréduman Mundil

Sternlinge Abendlieder
für die Abende und Nächte
im April, Juni, September und November.
Band 3

AF209035

Renier-Fréduman Mundil

STERNlinge Abendlieder
für die Abende und Nächte
im April, Juni, September und November

Band 3

Impressum
Bibliografische Information der Deutschen National-
bibliothek:
Die Deutsche Nationalbibliothek verzeichnet diese
Publikation in der Deutschen Nationalbibliografie;
detaillierte bibliografische Daten sind im Internet über
http://dnb.dnb.de abrufbar.

© 2025 Renier-Fréduman Mundil
         Viola Hartmann
Covergestaltung Dan Winkler

Verlag: BoD · Books on Demand GmbH,
Überseering 33, 22297 Hamburg, bod@bod.de
Druck: Libri Plureos GmbH, Friedensallee 273,
22763 Hamburg

ISBN: 978-3-7693-1010-8

Für

Esmay

Ein(e) - komplizierte, da teilweise mathematische
-**Leitung**.

Im Leben sind manche Dinge auf der Strecke
(vielleicht auf der Strecke der mathematisch
basierten Technik wie Handy, Laptop, Fernsehen…)
geblieben, die jedoch für alle beteiligten Seiten –
egal, ob aktiv oder passiv beteiligt – sehr positive
Auswirkungen hatten.

Ich denke an gemeinsames Singen in der Familie,
Vorlesen von Geschichten (besonders zur
Schlafenszeit), das Auswendiglernen – womit wir
auch zwangsläufig bei Gedichten landen.

Auswendiglernen und Gedichte, das kann auch
mächtig in die Hose gehen, wie ich in einer Parodie-
Sendung im Fernsehen beobachtete: Es wurden
Politiker nach bekannten deutschsprachigen
Gedichten befragt, die sie auch zu rezitieren
selbstbewusst bereit waren und dann kläglich nach
den ersten Worten scheiterten.

Die vorgenannten Aspekte trugen mit dazu bei,
diese Gedichte zusammenzustellen. Vorlesen vor
dem Schlafengehen, Singen (Gedichte sind
unvertonte Musik). Legen wir uns schlafen,
begeben wir uns in eine fremde Welt – die Welt der
Träume – die Welt der Fantasie – die Welt der
Vergangenheit – die Welt der Zukunft. Diese

Gedichte sind eine kleine Eintrittspforte in diese Welt.

Vivaldi ist einmal vorgeworfen worden, nicht 100 Violinkonzerte, sondern ein Violinkonzert hundertmal geschrieben zu haben. Aber damit befindet er sich in guter Gesellschaft. Die Natur bringt im Herbst jedes Mal dieselben bunten Farben, der Frühling bringt jedes Jahr dieselben bunten Blüten. Alles wiederholt sich, ist sich ähnlich, unterscheidet sich manchmal nur in winzigen Details. Wie auch die Schneeflocken, keine gleicht hundertprozentig einer anderen, der Unterschied jedoch mit dem bloßen Auge nicht zu erkennen.

Auch viele der unendlich entfernten Sterne sehen aus unserer Perspektive identisch aus. Viele Türen sehen gleich aus, warum nicht auch die Türen ins Schlafland.

Das führte zum Titel des Buches:

„Sternlinge Abendlieder".

Es gibt Zwillinge, Drillinge, Vierlinge etc., oftmals äußerlich gleich, aber bei genauem Hinsehen sehr verschieden. So wurden aus den Zwillingen die Sternlinge; und weil Gedichte unvertonte Musik gleichwie die musikalischen Lieder ohne Worte Gedichte ohne Sprache sind, entsprangen aus den Abendgedichten die Abendlieder, „Die Sternlinge Abendlieder". Mit dem bloßen Auge gleich, auch mit dem Ohr oftmals gleich, unter dem mikroskopischen Auge oder dem mikroskopischen Ohr jedoch sehr unterschiedlich.

Mathematische Abschlussbemerkung:

Wir haben vier Kinder, es gibt vier Jahreszeiten, wir kennen vier Grundrechenarten usw., deshalb enthält die vorliegende Reihe vier Bände. Jeder Band aber gedacht für einen Monat. Es gibt sieben Monate mit 31 Tagen, vier Monate mit 30 Tagen und einen Monat mit 29 (28) Tagen. Und da Augen und Ohren auch mal Pause benötigen bzw. abends unbelastet ins Traumland reisen sollten, gibt es in jeder Woche einen Tag Pause.

31 Tage minus 4 Tage Pause ergibt 27 Tage, und da es zu viele Monate mit 31 (27) Tagen gibt, sind zwei der vier Bände für die sieben Monate mit 31 Tagen (Januar, März, Mai und Juli als Viererergebnis beim Abzählen der Knöchel an der ersten Hand und August, Oktober und Dezember als Dreierergebnis beim Abzählen an den Knöcheln der anderen Hand).

Der dritte Band ist für die vier Monate mit 30 (26) Tage und der vierte Band für den letzten Monat mit 29 (25) Tagen.

Kompliziert? Vielleicht. Oder lesen Sie einfach jeden Abend im Monat ein Gedicht und machen jede Woche einmal Pause (schließlich wurde auch die Erde mit einem Pausentag erschaffen).

Mathematische Abschlusserklärung (Beweis?): Diese Annahme erklärt die Zahl der Gedichte. Da die Mathematik jedoch nicht nur aus Zahlen, sondern sie verknüpfende Zeichen (+/Plus, -/Minus, :/geteilt und x/mal) besteht, haben sich zwischen den Zeilen Aphorismen als Verbindungsglieder gemengt. Eine vermengte Mathematik, Pardon, die Lehre von der Menge, also die Mengenlehre der Mathematik, Pardon einfach der Versuch, eine Seite der Poesie mathematisch zu beschreiben oder zu erklären.

Schlafen Sie gut (aber erst nach dem Lesen bzw. Singen).

Gute Nacht. Gute dichte Nacht. Gute (G)Nacht. Gute (G)dichtete Nacht.

Ihre Sternlinge Abendlieder,
Ihre mathematischen Verbindungsglieder,
Ihre wöchentlichen Pausen!

Erste Woche

1.
Versüßtes Ruhen

Nun schlaf, mein kleiner Knabe,
Fühlst Du den Abendwind?
Er schmeckt nach süßer Sahne,
Die durch die Augen rinnt.

Nun schlaf, mein kleiner Knabe,
Siehst du den Abendstern?
Ihn hüllt die Bienenwabe
Vor'm lauten Tageslärm.

Nun schlaf, mein kleiner Knabe,
Leis tropft jetzt Traum um Traum
Aus jeder alten Sage,
Das Zauberland zu schau'n.

Nun schlaf, mein kleiner Knabe,
Süß wird die kurze Nacht.
Sie hat Traummarmelade
Deinen Augen gebracht.

Die Gegenwart
Ist hart.
Sie ist die Kunst
Des Wartens auf die Zukunft,
Bis die gegenwärtige Zeit
In der Vergangenheit weilt.

2.
Klagender Abschied

Nun schlaf, mein kleiner Knabe,
Ruh aus vom langen Tag.
Der Mond kommt, dass er trage
Dich auf dem Perlenblatt.

Nun schlaf, mein kleiner Knabe,
Die ew'ge Sternenpracht
Bringt dir die neuen Tage,
Dass dein Herz stets erwacht.

Nun schlaf, mein kleiner Knabe,
Die Welt ist Dunkelheit.
Eine zerbroch'ne Klage,
Eine erlosch'ne Zeit.

Nun schlaf, mein kleiner Knabe,
Hörst du das Mondschaflied?
Die ferne leise Klage
Gebracht von dem Abschied.

Wenn wir es wagen,
Am Sparen zu sparen,
Umgibt uns am Ende nur noch
Ein großes schwarzes Loch.

3.
Nachtgebliebenes Sein

Nun schlaf, mein kleiner Knabe,
Das Spielen läuft nicht fort.
Die Puppen, Eisenbahne
Bleiben an ihrem Ort.

Nun schlaf, mein kleiner Knabe,
Sterne sind nachts bei dir,
Dass sie am neuen Tage
Öffnen die Lebenstür.

Nun schlaf, mein kleiner Knabe,
Alles bleibt, wie es ist,
Dass dir nicht widerfahre,
Wenn ein Herz leis erlischt.

Der Tod
Ist ein Boot,
Das gleichzeitig untergeht
Und aufwärts strebt.

4.
Bleibender Zerfall

Nun schlaf, mein kleiner Knabe,
Alles zerfällt zu Staub.
Nur unsre Lebensklage,
Niemand, der sie uns raubt.

Nun schlaf, mein kleiner Knabe,
Aus Licht wird Dunkelheit.
Nächte verschling'n die Tage,
Die kurze Lebenszeit.

Nun schlaf, mein kleiner Knabe,
Hör, wie der Mond leis singt
Über die Himmelssage,
Die bunte Träume bringt.

Nun schlaf, mein kleiner Knabe,
Was ist, schon immer war,
Auf deiner Lebenswaage
Zahllos die Träumeschar.

Wenn einem die Muse küsst,
Trägt sie gewiss
Vorher nicht immer Lippenstift auf.
Deshalb sieht mancher aus,
Als wurde er scheinbar noch nie
Zum Musenziel.

5.
Fernersehnte gold'ne Gabe

Nun komm, mein kleiner Knabe,
Siehst du den Sternenschein?
Dass er dich zu uns lade
Wird er auf ewig sein.

Nun komm, mein kleiner Knabe,
Dein Bruder wartet schon.
Mit süßer Schokolade
Wird er dein Kommen lohn'n.

Nun zieh mein kleiner Knabe
Hinein in unsre Welt.
Du bist die gold'ne Gabe,
Vom Himmel zu uns fällt.

Nun komm, mein kleiner Knabe,
Herzen erwarten dich,
Dass du jetzt zu uns trage
Dein helles Sternenlicht.

Wir fegen
Auf vorhandenen Wegen
Durchs Leben
Und verstehen
Nicht,
Warum uns langweilig ist.

6.
Zeitkarussell durch den Schlaf

Nun schlaf, mein kleiner Knabe,
Mit der Nacht flieht die Zeit.
Leer wird die Tageswaage,
Rückt an die Ewigkeit.

Nun schlaf, mein kleiner Knabe,
Siehst du das Himmelsdach?
Es ist aus blauer Farbe
Und Sternengold gemacht.

Nun schlaf, mein kleiner Knabe,
Sanft küsst der Mond die Erd',
Dass ihr nicht widerfahre
Endloser dunkler Schmerz.

Nun schlaf, mein kleiner Knabe,
Hinter der Ewigkeit
Warten schon neue Tage
Der nächsten gold'nen Zeit.

An vielen Orden hängt Leben
Nach tausendfachem Vergehen.

Zweite Woche

7.
Geträumter Schlaf

Nun schlaf, mein kleiner Knabe,
Der Tag zerfällt zu Nichts,
Dass er ins Traumland fahre,
Wo die Phantasie spricht.

Die Bäume tragen Hosen,
Die Bienen einen Hut,
Aus Marzipan die Rosen,
Aus Federn ein Luftboot.

Die Schuhe sind aus Zucker,
So süß ist jeder Tritt.
In Flüssen schwimmt die Butter,
Du fliegst mit jedem Schritt.

Nun schlaf, mein kleiner Knabe,
Die Nacht küsst jeden Stern.
Als eine kurze Gabe
Schweigt jeder Tageslärm.

Wenn es kracht
Wird so manches Dach
Ungewollt und ungehemmt
Zum Fundament.

8.
Eingeschlafene Sehnsuchtsquelle

Nun schlaf, mein kleiner Knabe,
Der Herr hütet die Welt.
Er stillt die tiefste Klage,
Dass keine Träne fällt.

Nun schlaf, mein kleiner Knabe,
Dein Herz sehnt sich zurück
Am End' der Lebenstage
Zum früh'ren Himmelsglück.

Nun schlaf, mein kleiner Knabe,
Der Herr ist stets bei dir,
Dass dir nichts widerfahre,
Wacht Er an deiner Tür.

Nun schlaf, mein kleiner Knabe,
Im Himmel sehn wir uns,
Dass sie dich heimwärts trage,
Wiegt dich die Sternengunst.

Viel sehen
Es nicht, wenn sie mit wehenden
Fahnen untergehen.

9.
Stufen(schlaf)gedicht

Nun schlaf mein kleiner Knabe
Mond
Selbst Nächte sind aus Farbe
Thront
Nun schlaf mein kleiner Knabe
Auf
Der Mond frisst keine Made
Haus
Nun schlaf mein kleiner Knabe
Schnecke
Aus Mondkratern quillt Farbe
Wecke
Nun schlaf mein kleiner Knabe
Sie
Träume sind Rabattware
Nie

(Auch) zweistimmig vorzutragen

Selig sind die Armen,
Auch wenn sie mit leeren
Armen
Dastehen,
Denn sie werden in ihrem Leben
Den Arm des Herrn sehen.

10.
Getragener fortgetragener Schlaf

Mein kleiner Knabe schlaf,
Der Mond schon lange sprach
Das kurze Nachtgebet.
Jetzt weckt er leis' die Sterne,
Mit ihn'n die Träumeschwärme,
Den Schlaf, den er in Augen sät.

Mein kleiner Knabe ruh'!
Siehst du die Himmelstruh'?
Sie ist voll gold'nem Licht.
Es wird den Tag erhellen,
Schließen die dunklen Quellen,
Dass bald die Sonne neu aufbricht.

Mein kleiner Knabe schweig,
Die Nacht nur endlich bleibt,
Schon naht der neue Tag.
Siehst du am Himmel oben
Die Wolken fortgeschoben?
Die Dunkelheit ein Ende hat.

Warum ist ein Kirchturm spitz?
Er zerritzt
Doch nur die schönen Wolken,
Denen uns're Blicke folgen.

11.
Der Tage Zwischenraum

Nun will es Abend werden,
Leise entweicht der Tag.
Die Nacht wird dunkel färben
Des Tages helles Blatt.

Wie wird es in mir leise,
So still und himmelfern,
Als Anfang einer Reise
Zu einem trauten Stern.

Es atmet schwer die Seele
Wie vor dem Abschiedskuss,
Taucht in die Himmelsmeere,
Da sie rückkehren muss.

Abend ist es geworden,
Nur Traum auf Traum noch steigt
Und in den Sternenwogen
Der Tag verloren bleibt.

Kann
Man
Wassermusik
Feurig
Spielen?

12.
Schlaf in die Ewigkeit

Schlaf, mein gold'ner Knabe,
Schau! Der schwarze Rabe
Breitet die Nacht aus.
Ruh, mein gold'ner Knabe,
Sieh! Die Sternenwabe
Wird dein neues Haus.

Schlaf, mein gold'nes Mädchen,
Schau! Das Sternenrädchen
Dreht sich nur für dich.
Sieh! Ewige Sterne
Schütten ihre Wärme
Mit dem fernen Licht.

Schlaf, mein kleines Herz'lein
Bald endet das Nachtsein,
Der Himmel beginnt.
Träum von künft'gen Zeiten,
Der Mond wird dich leiten
Wenn dein Sein zerrinnt.

Hellseher
Sind Vergangenheitsversteher
Und Zukunftsverdreher.

Dritte Woche

13.
Weggeschlafenes Leid

Schlaf, mein süßes Büblein,
Sieh, der helle Mondschein
Hütet deinen Schlaf.
Träum von Paradiesen,
Blumen, bunten Wiesen,
Vom alten Mondschaf.

Schlaf nun, mein Mägdelein,
Der Mond trocknet dein Wein'n,
Dass dein Herz jetzt lacht.
Schau, in fernen Welten
Liebe Hoffnung gelten
Als die schönste Pracht.

Schlaf, mein lauter Kummer,
Sieh, der Sternenschimmer
Goldet alles Sein.
Trauer, Weinen, Sorgen
Lassen dich am Morgen
Für immer allein.

Wenn wir das Leben
Verstehen,
Kann es uns immer wieder von Neuem
Erfreuen.

14.
Glühender Schlaf im ewigen Schutz

Nun schlaf, mein kleiner Knabe!
Siehst du, des Tages Klage
Verschließt das Sternenlicht.
Von allen Sternen fluten
Des Himmels ew'ge Boten,
Dass dir dein Leben nicht zerbricht.

Nun schlaf, mein kleiner Knabe!
Siehst du die gold'ne Farbe?
Sie tropft vom alten Mond.
Er schüttelt seine Säume,
Dass wundersame Träume
Dein'n Schlaf mit Seelenruh belohn.

Nun schlaf, mein kleiner Knabe!
Des müden Tages Narbe
Zerglüht in dunkler Nacht.
Das Herz soll Frieden finden,
Denn alle Sterne künden,
Dass der Herr stets über dich wacht.

Gibt es einen Fisch,
Der länger als ein Tisch
Ist?
Bei armen Leuten gewiss!

15.
Dunkel gefärbter Schlaf

Nun schau, mein süßer Knabe!
Siehst du die Himmelsfarbe
So golden wie ein Stein?
Siehst du die Venus blitzen,
Saturn mit Ringelmützen,
Den Mars sich an der Venus wärm'n?

Nun schau, mein müder Knabe,
Die volle Himmelslade
Mit Wolken randgefüllt.
Sie fallen auf die Erde
Mit ihrer Tröpfchenherde,
Dass jeder Durst ist nun gestillt.

Nun schau, mein kleiner Knabe!
Der Mond kommt, dass er fahre
Durch's dunkle Himmelszelt.
Er wird die Sterne leiten
Wie seit urew'gen Zeiten,
Wenn nun die Welt ins Dunkle fällt.

Irgendwann
Fing alles an.
Doch gilt diese Einsicht
Auch für das ewige Licht?

16.
Traumlieferant

Nun schlaf, mein kleiner Knabe!
Der Mond bringt seine Ware,
Den Wagen voll mit Traum.
Sie werd'n die Augen kühlen
Wie Tau auf Morgenwiesen,
Des Tages Not nicht mehr zu schau'n.

Nun schlaf, mein kleines Mädchen!
Der Himmel hat sein Bettchen
Mit Sternen aufgefüllt.
Sie woll'n zur Erde springen,
Dir Himmelslicht zu bringen,
Das dir den Kummer, die Not stillt.

Nun schlaf, mein kleiner Knabe!
Die alte Himmelssage
Kommt jede Nacht auf's neu.
Sie wird die Nacht bedecken
Mit Frieden, alle Ecken,
Der zart ist, wie ein Reh so scheu.

Manch Schiedsrichter
Wäre besser ein S(s)chlichter,
Oder wäre von selbst gerne lichter.

17.
Sternenritt

Nun ruh, mein süßer Knabe,
Dass dir nun widerfahre
Der Schlaf der dunklen Nacht.
Hörst du die Sterne rufen?
Siehst du die alten Buchen?
Haben der Nacht die Ruh gebracht.

Nun schlaf mein kleines Mädchen,
Siehst du die Sternenstädtchen?
Wo fremde Seelen wohn'n.
Sie schütteln leis die Erde,
Damit es Nacht nun werde
Und bring'n den Schlaf als Tageslohn.

Nun schlaf, mein kleines Herzchen,
Siehst du das Sternenpferdchen?
Es pflügt durchs Himmelszelt.
Es gleitet mit den Hufen
Auf gold'nen Himmelsstufen,
Dass gold'ner Regen auf dich fällt.

Wer auf sein Recht pocht,
Hofft
In seinem Leben
Oft vergebens.

18.
Kraterträume

Nun schlaf, mein kleiner Knabe,
Der Mond mit sein'm Getrabe
Besucht die stille Welt.
In seinen Kraternischen
Wird er nach Träumen fischen,
Damit zu füll'n das Himmelszelt.

Nun schlaf, mein kleines Mädchen,
Siehst du das Sternenrädchen?
Es holt den Tag zurück.
Mit längst vergang'nen Zeiten
Wird es die Nacht begleiten,
Mit Trauer, mit verwelktem Glück.

Nun schlaf, mein kleiner Knabe!
Dass er dir Ruh bewahre,
Wacht still der alte Mond.
Er kommt aus fernen Welten,
Wo Ewigkeiten gelten,
Alles friedlich zusammenwohnt.

Die
Fantasie
Ohne Flügel
Ist wie Segel,
Die ohne Wind
Unterwegs sind.

Vierte Woche

19.
Schlafes Ende

Nun schlaf, mein süßer Knabe,
Still bricht die letzte Klage
Der Welt, eh' sie vergeht.
Dann schweigen Kummer, Sorgen,
Dann enden Kaufen, Borgen
Und nichts wächst mehr, was einst gesät.

Nun schlaf, mein kleiner Knabe!
Dass dir nun widerfahre
Das Ende dieser Welt,
Werden die Himmel brechen,
Die Steine zu dir sprechen.
Was bleibt, das uns zusammenhält?

Nun schlaf, mein kleiner Knabe,
Der Tod die letzte Ware,
Die dir die Welt noch gibt.
Dann enden alle Sphären,
Erlöscht ein jedes Leben,
Verstummt das dunkle Abschiedslied.

Ein Experte
Vertraut der eigenen Stärke.
Das ist wie schwarzes Licht:
Man vertraut auf ein Nichts.

20.
Greifbare unsichtbare Welt

Nun schlaf, mein kleiner Knabe,
Das Leben eine Straße,
Die in den Himmel führt.
Dort leben manch Gestalten,
Die dich in Händen halten,
Du hast es einst gespürt.

Nun schlaf, mein kleiner Knabe,
Das Leben eine Klage,
Doch nur ein kurzer Hauch.
Hinter dem Himmelsbogen
Das Glück, die Liebe wohnen,
Alles, was das Herz braucht.

Nun schlaf, mein kleiner Knabe,
Das Leben eine Ware,
Sie wird für dich bezahlt.
Du ahnst den fremden Geber
Und wirst ihn treffen später,
Am End' der Lebensfahrt.

Die Zukunft
Ist der hoffende Wunsch
Auf die Vernunft
Als zukünftige Kunst.

21.
Nächtliche Spesen

Schlaf ein, mein kleiner Knabe,
Der Schlaf ist eine Ware,
Die zu bezahlen ist.
Du zahlst mit dem Vergessen,
Träume sind deine Spesen,
Nachdem sich das Leben bemisst.

Nun schlaf, mein kleiner Knabe,
Das Gold ist nun die Farbe,
Die alles wertvoll macht.
Sie adelt alte Räume,
Des Königs alte Säume,
Die dunkle Kälte in der Pracht.

Schlaf ein, mein kleiner Knabe,
Dass dich die Nacht nun labe
Mit sorgenfreier Zeit.
Der nächste Tag wird kommen,
Verdunkeln dir die Sonnen
Mit dem erloschenen Nachtkleid.

Eigenes Haben
Ist oft eines Anderen Schaden

22.
Absturz in den Tagesschlaf

Schlaf, mein kleiner Knabe,
Es sei nicht dein Schade,
Dass die Nacht nun kommt.
Träume wird sie bringen,
Helle Engelsschwingen,
Welten, wo kein Kummer wohnt.

Schlaf, mein kleines Büblein,
Sieh, der Silbermondschein
Fliegt auf uns're Erd'.
Er wird dich begleiten
Durch dunkle Nachtzeiten
Bis die Sonne neu auffährt.

Schlaf, mein kleiner Knabe,
Rasch zieh'n fort die Jahre
Ohne Sorg und Not.
Wirst im Leben stehen,
Manches Elend sehen
Auf der Fahrt im Lebensboot.

Mach 'ne Fliege!
Sagte die Schiene
Zum Eisenbahnzug.
Ich trag' dich schon lang' genug!

23.
Der erste Traum

Nun schlaf, mein kleiner Knabe,
Kennst du die alte Sage,
Wie einst der Traum entstand?
Er kam aus einer Träne,
Gebracht ward sie durch Schwäne
Vom Himmel auf den Meeresstrand.

Bald kamen große Wellen,
Brachten zu allen Quellen
Ein Stück der Tränenglut.
So lang die Flüsse fließen,
Werden auch Träume sprießen
Am dunklen Fluss, wo die Nacht ruht.

Bis dann am nächsten Morgen
Blüht auf der Sonnenbogen,
Trocknet den Tränensand.
Und viele Winde tragen
Auf ihrem Wolkenwagen
Den Traum zurück ins Himmelsland.

Es kann nichts schaden,
Zu wagen,
Sich mal selbst zu befragen.

24.
Endlos im Schlaf

Nun schlaf, mein kleiner Knabe!
Auf deine Lebenswaage
Fällt bald ein welkes Blatt.
Die Waage wird sich neigen,
Die Sonne nie mehr steigen,
Nie mehr auftun ein neuer Tag.

Siehst du die bunten Blumen?
Sie schatten die Erdkrumen,
Bedecken dann dein Haupt.
Die kalte Mutter Erde
Wird dann dein Weggefährte,
Nachdem dein Odem ward geraubt.

Auf deinen neuen Spuren
In fernen Himmelsfluren
Begleitet dich das Licht.
Es wird von dir nie weichen,
In deinem Schatten gleiten,
Dass dein Leben nie mehr zerbricht.

Herr,
Erhör
Das Schweigen
Im Leiden.

Endspurt

25.
Schlagarten

Schlaf nun, mein kleiner Knabe,
Der Mond hat gold'ne Farbe
Auf deine Welt gekippt.
Jetzt blüh'n in deinem Garten
Die Blumen mit den zarten
Blüten, obwohl sie eingenickt.

Schlaf nun, mein kleiner Knabe,
Der Mond hat schwarze Farbe
Auf's Himmelszelt gestreut.
Du kannst jetzt Sterne sehen,
Die wie die reifen Reben
Dein Herz und deinen Sinn erfreu'n.

Schlaf bald, mein kleiner Knabe,
Der Mond hat keine Farbe,
Die er noch schicken kann.
Du musst sie selbst erträumen,
Wirst unter blauen Bäumen
Erwachen in dein'm Heimatland.

Das Kind der Liebe
Ist der Friede.
Der Krieg
Kennt keinen wahren Sieg.

26.
Funkenflug vom Wolkenschaf

Nun schlaf, mein kleiner Knabe,
Siehst du die Sternenfarbe?
Leis tropft sie auf die Welt.
Hörst du die Mondscheinstrahlen,
Die an den Wolken schaben,
Bis eine Sternschnuppe rausfällt.

Nun schlaf, mein kleiner Knabe,
Siehst du die Wolkentrage?
Träume schlafen auf ihr.
Siehst du die Sternenfunken?
Leis fallen sie nach unten
Durch's Schlüsselloch in deine Tür.

Nun schlaf, mein kleiner Knabe,
Siehst du die Wolkenschafe?
Sie fliegen durch die Nacht.
Sie schütteln ihre Wolle,
Dass eine gold'ne Rolle
Umspannt das weite Himmelsdach.

Politik
Ist eine Lügen-Plage.
Sie macht einen Sieg
Aus der Niederlage.

Inhaltsverzeichnis

nach Nummern

Absturz in den Tagesschlaf	22
Bleibender Zerfall	4
Der erste Traum	23
Der Tage Zwischenraum	11
Dunkel gefärbter Schlaf	15
Eingeschlafene Sehnsuchtsquelle	8
Endlos im Schlaf	24
Fernersehnte gold'ne Gabe	5
Funkenflug vom Wolkenschaf	26
Geträumter Schlaf	7
Getragener fortgetragener Schlaf	10
Glühender Schlaf im ewigen Schutz	14
Greifbare unsichtbare Welt	20
Klagender Abschied	2
Kraterträume	18
Nachtgebliebenes Sein	3
Nächtliche Spesen	21
Schlafes Ende	19
Schlaf in die Ewigkeit	12
Schlagarten	25

Sternenritt 17
Stufen(schlaf)
            -gedicht 9
Traumlieferant 16
Versüßtes Ruhen 1
Zeitkarussell durch
        den Schlaf 6

Biografie

Ich wurde in Berlin geboren. Nach dem Abitur in Berlin habe ich Medizin in Berlin und München studiert und war nach meinem Studium ca. 40 Jahre in der Medizin tätig. Seit Ende 2023 bin ich berentet. Während meiner Berufstätigkeit habe ich nebenher eine Reihe von Manuskripten verfasst, ein Jugendbuch, Kinderbücher, Romane und Gedichte.
Einige sind seitdem über einen Self-publishing-Verlag veröffentlicht worden.

Neben einer Reihe anderer Veröffentlichungen hat der Autor auch folgende Gedicht- und Prosabände veröffentlicht:

Uhlenspiegel bei den Schildbürgern
Uhle 1, Uhle 2, Uhle 3

Der Einzelkämpfer Uhlenspiegel, mit der Armee seiner schalkhaften Gedanken bewaffnet, trifft auf ein Dorf voller Schildbürger, die eher weniger oder sagen wir eher mit anderen Gedanken bewaffnet sind.
(Band 1 - 3)

Die Christyllische Weihnacht –
Weihnachten wie immer (und) anders
27 Kurzgeschichten mit je einem Bild, zu jedem Tag vom 1.-26. sowie 31. Dezember; sehr abwechslungsreiche Geschichten von Weihnachten im Kaufhaus, bei den Schildbürgern, in einem neuen Märchen, als Science-Fiction und Weihnachtsgeschichten zur Zeit der Geburt Jesu. So abwechslungsreich, dass für jeden und jedes Alter etwas dabei ist (auch in Englisch erhältlich.

Schwarzbart's kandidelte
Adventsgeschichten
Der alte Seekapitän erzählt fantastische Advents-geschichten voller Fantasie, bereichert durch weihnachtliche Gedichte. Zu lesen wie ein Advents-kalender.

Ein denkwürdiger Adventskalender

Das schönste am Fest war der Adventskalender. Jedes Jahr freute er sich auf diese verkleidete, geheimnisvolle süße Gabe. Draußen die bunten Bilder, die versteckten Türchen, Zahlen, die zwischen Engeln, Krippen und Weihnachtsmännern umherschwirrten. So war es jedes Jahr, aber dann stimmt irgendetwas nicht. Dies erzählt die Geschichte um einen ganz besonderen Adventskalender voller Überraschung.

Die Insel der Figuren

Ein kleines Mädchen in Japan bekommt zum Geburtstag von ihrem Vater eine Puppe geschenkt. Als das Mädchen älter ist, wird die Puppe in einem kleinen Boot auf die Wellen des Meeres gesetzt. Offensichtlich eine Tradition ins Erwachsenenalter.

Einige Zeit später reist ein anderes Mädchen ihrer verschwundenen Puppe hinterher, eine spannende abenteuerliche Reise mit einem ungewöhnlichen überraschenden Ende beginnt. (Fantasieroman)

Der kleine Mugu auf dem Noddelthron

Ein Jungen lebt in dem Land eines Königs. Eines Tages kommt ein Prahlhans in dieses Land. Er besitzt die Fähigkeit, die Gedanken anderer Menschen mit seinen wilden Haaren einzufangen. Der König wollte diese Fähigkeit erlernen und folgte dem Prahlhans. Ausgerechnet der kleine Junge Mugu gewann die Nachfolge des Königs und regierte das Land, in dem er viele Dinge auf den Kopf stellte. (Märchenroman)

Max abenteuerliche Reise zum Ich –
eine kurze weite Reise

Jugendroman, 112 Seiten, Max lebt in schwierigen sozialen Umständen, weder darüber, noch über den Grund wird in der Familie gesprochen. Langsam kommt Max selbst hinter das „Geheimnis" und lernt, sich trotzdem zur Familie zu bekennen. Auch als Schulbuch geeignet.

Manu's Reise mit dem Tod –
eine Fuge durch die Zeit

Roman, 256 Seiten, verschiedene Lebenslinien aus dem Leben einer Frau, fugenartig verwoben, Ereignisse des Todes in ihrem Leben und ein weiterer Handlungsstrang über verschiedene Rituale zur Zeit des Todes in verschiedenen Kulturen (auch in Englisch erhältlich „Manu´s Journey with Death").

GeGlichenes

Die folgende Sammlung in 4 Bänden enthält etwas über 60 Kurzgeschichten, jede Kurzgeschichte baut auf einer aus dem Neuen Testament stammenden Bibelstelle gleichnishaft auf und ist auf unsere Zeit übertragen. Zwischen den Geschichten findet sich jeweils ein Aphorismus oder ein Gedicht.

Das Moooondschaaaaf
(monatlich durch das Jahr)

Für jeden Tag eines Monats ein Gedicht aus Sicht eines auf dem Mond lebenden Schafs, das humorvoll, kritisch, skeptisch und wiedererkennend unsere Erde beäugt; zwischen jedem Gedicht ein Aphorismus; mit passenden lustigen Bildern aus Kinderhand; auch als Geburtstagsgeschenk für den passenden Geburtstags- monat geeignet.

Ostern- Gedichte zur Osterzeit

43 Gedichte mit christlichen Inhalten von Grün- donnerstag bis zur Auferstehung Jesu, durchsetzt mit gedankenvollen Aphorismen.

Der erdenkliche Mensch - Das Du im Ich

55 Gedichte, dazwischen Aphorismen, die sich nachdenklich und kritisch mit liebgewonnenen menschlichen Verhalten auseinandersetzen.

Ein KESSEL Bunte GeDichte

Ein Kessel bunter Gedichte, unterbrochen von kurzen Aphorismen – eben wie in einem großen bunten Kessel, wenn es heißt: tüchtig rühren, Kelle rein, sich überraschen (pardon inspirieren) lassen, was auf den Teller kommt.

Tortellintauben - TierGdichte für Rwachsene

61 Tiergedichte als Spiegelbild menschlichen Verhaltens, wunderschön von Kinderhand illustriert.

Hinter dunklen Himmelswolken
Gedichte in Zeiten der Trauer

74 Gedichte über Tod, Sterben, Hoffnung, Zuversicht, das Danach.

Aventsschilda
Die EULENde SPIEGEL-Weihnacht

Weihnachtsgeschichten mit und ohne Eulenspiegel in Schilda, bereichert durch weihnachtliche Gedichte. Zu lesen wie ein Adventskalender.

Ach Herbst, reiß nun die Scheunen auf!
Ge(h)dichte im Herbst

Herbst, eine Mischung aus Bunt, Sonne, Sternen, Dunkelheit, Nässe, warmer Stube, reifen Früchten, Abschied, Trauer und Leben, das sich von außen nach innen kehrt, um neue Kraft zu tanken.

Gute

Nacht !

Schlaft wohl!